MÉMOIRE

DE LA

CUISINIÈRE,

POUR TOUTE L'ANNÉE

Sa dépense, ses devoirs, son économie et ses
avantages ; avec un abrégé de la Cuisine
des petits ménages, moyens de se
nourrir avec économie
chaud et bon !..

PAR J. C. MALDAN.

PARIS.

CHEZ L'ÉDITEUR

Rue des Marais Saint-Germain nº 15.

—

1841.

ON TROUVE CHEZ LE MÊME ÉDITEUR.

—

Le journal de mémoire, petit livre de
poche à tout usage, blanc rayé ou
non, selon la grandeur de 50 à
60

Mémoire ou comptes faits de l'ou-
vrier pour toute l'année.   «   40

Petit mémoire de la Blanchiseuse.   «   40

Le guide des femmes.   »   20

L'art d'élever des lapins.   »   50

Le bourgeois de Paris.   »   60

La vie du menteur.   »   20

L'éditeur achète d'occasion tout papier par-
chemin ou carton.

Nota. Conformément à la loi, deux exem-
plaires de cet ouvrage ont été déposés ; tous ceux
qui ne porteraient pas la signature de l'auteur
seront réputés contrefaits.

Imprimeur et éditeur de tous genres
d'écriteaux de location et de transparens
il se charge de toute commande en ce
genre à raison d'un centime la lettre ou
le chiffre.

Imprimerie d'A.-Saintin 38, rue Saint-Jacques.

Femmes qui vous livrez à l'état de cuisinière, la tâche n'est pas facile ; car vous avez de grands devoirs à remplir. Se charger de pourvoir à la nouriture d'une famille, qui met en vous toute sa confiance, d'après cela jugez quel devoir vous impose votre consience ; ainsi vous mettre sous les yeux deux points essentiels, le premier c'est un réglement des obligations réciproques que les maîtres et le domestiques se doivent mutuellement, le second c'est pour le petit ménage, un abrégé de sa cuisine, pour savoir faire une soupe à l'oignon, mettre un pot-au-feu, des pommes de terre en robe de chambre, ou des œufs sur le plat.

RÉGLEMENT DE POLICE D'ANTI-CHAMBRE.

ARTICLE I.

Toute femme qui se livre au service doit n'avoir aucune infirmité ni maladie, pour la propreté des maisons.

ARTICLE II.

Ne point se présenter pour le service, qu'elle n'ait ses papiers bien en règle et de bon répondans.

ARTICLE III.

Ne point cacher ses connaissances, afin de pouvoir obtenir la permission de les fréquenter s'il est possible.

ARTICLE IV.

Convenir avant d'entrer au service du montant de vos gages, des jours et heures de sortie pour éviter toute contestation et surtout ne point profiter de l'absence des maîtres, pour les enfreindre, ce qui cause quelque fois de grands malheurs.

ARTICLE V.

Dans les maisons qui vous chargent de la dépense au mois, à la quinzaine, à la semaine, au jour, vous devez prendre l'usage de vous faire régler votre livre à jour fixe, et surtout ne point prendre à crédit chez aucun fournisseur qu'il ne soit convenu entre vous et vos maîtres, au cas contraire, c'est manque de confiance.

ARTICLE VI.

Les repas devant être sur table à heure fixe, vous devez vous mettre en mesure de vous y conformer, pour la cuisine et les apprêts du service; si vous êtes seule et chargeé du ménage, ne point prendre ni donner droit d'empire à aucun homme de la maison, cette familiarité nuit à vos intérêts et à votre réputation; étant assujettie à toute les épreuves de confiance, ne rien trouver ni prendre qu'il ne soit représenté à vos maîtres.

ARTICLE VII.

Avoir l'usage de la grande propreté sur soi et dans la maison, ne point fréquenter les concierges, le moins possible, pour éviter les bavardages et les faux rapports, source de discorde qui peut nuire à la réputation de vous et de vos maîtres; ne rien laisser sortir, ni donner en l'absence de vos maîtres, à moins qu'il y ait autorisation par écrit de leurs part, garantie pour votre tranquilité; ne point enfreindre ce réglement faute de quoi cela peut vous faire perdre votre place et vous conduire aux tribunaux.

AVIS AUX PETITS MÉNAGES.

Dont la fortune ne permet pas de prendre des cuisinières pour la table et son ménage; dont les habitudes ne sont point de faire la cuisine. L'homme auprès du quel elle se trouve faisant le dehors pour les frais, elle doit mettre toute l'économie possible pour la nouriture; ainsi sans connaître la cuisine elle peut parvenir à mettre bonne table

à l'heure des repas, comme dit le pro-
verbe, chaud bon et à peu de frais. Au
lieu de faire comme beaucoup de jeunes
femmes qui pour faire le diner à deux
heures, allument leur feu à une heure
trois quarts ce qui ne lui donne que la fa-
cilité en bien se dépêchant au lieu d'une
bonne soupe aux légumes, de faire des
œufs à la coque, encore assez souvent il
se trouvent durs ce qui plaît beaucoup
au mari. Après un repas semblable,
pour celui du soir ne point faire une
fricassé de pommes de terre au lard
et dans un quarteron coupé en dix ou
douze morceaux ; quand il est frit ne
point le goûter à douze ou quinze reprise
faute de quoi le mari est obligé de
prendre des lunette pour en découvrir
un ; comme mon intention est de repas-
ser en revue ses repas de la semaine afin
de varier les plats, vous voyez le repas
du lundi, les autres suivant : *mardi* de
grands projets de bonne soupe, le pot-
au-feu ; pour morceau de paleron on ap-
porte un morceau de tranche du côté
de la joue, pour le saler à propos l'on
demande à la voisine ce qu'il faut de
sel pour deux livres de viande, pendant
ce temps il s'écume tout seul ; on lui a
dit une cuillère à soupe elle à compris
une cuillère à pot et de suite elle en

fait du petit salé, ce qui fait plaisir au mari qui n'aime point le sel. Mais en revanche *mercredi*, soupe aux légumes; avant d'aller les chercher elle allume son feu met l'eau dessus, la grainetière lui fait part de la maladie de son perroquet; elle revient, l'eau bout, sans les passer en revue elle jette ses graines dans l'eau bouillante elles deviennent aussi dures que les pierres qu'elle y a laissées après cinq heures de cuisson. *Le jeudi,* s'étant aperçu que son repas de la veille ne digère pas bien, elle prend des choux-fleurs, fait la soupe avec l'eau, brule l'oignon, et s'aperçoit en replaçant sa vaisselle dans l'armoire qu'elle a oublié de mettre le beure dans la sauce, elle ne met pas d'œufs par économie, mais beaucoup de vinaigre. Le *vendredi* voulant régaler son mari d'un morceau de poisson, elle prend à la halle, pour l'avoir plus frais, un morceau raie bouclée, arrivé du Hâvre huit jours avant et que la marchande avait par précaution mis sous son étale ; morceau superbe, couleur d'un vert pistache, tellement frais qu'après avoir jeté l'eau dans le plomb, la concierge fût obligée de laver sa cour. Le *samedi,* ne voulaut pas faire de cuisine longue vu qu'elle avait des cartons à livrer à un coiffeur qui pour lui

payer le montant, retire de sa poche un
outil et par mégard le laisse; la précipita-
tion avec laquelle elle fait son omelette
lui fait prendre, au lieu de fourchette
pour battre ses œufs, l'outil resté sur la
table, ce qui donnne au mari un accès
de jalousie et un dégoût pour les ome-
lettes, par ce qu'il ne les aime que
quand elles sont chauves. Le *dimanche*
comme les plaisirs sont destinés pour ce
jour, l'on mange au dehors; voulant régaler son mari elle choisit dans la balance
du restaurant un morceau de rôti, à sa
quatrième campagne, une salade garnie
de tous ses accessoirs en pleine terre;
le vin cédé par occasion au débitant par
Delaunay teinturier de l'endroit. Vous
qui avez eu la force de me lire jusqu'au
bout, jugez combien il est utile d'avoir
une bonne cuisinière dite *cordon-bleu* dût-
elle vous prendre les graisses, le premier bouillon et vous faire danser l'anse
du panier, vous en serez encore quitte
à meilleur compte.

FIN.

date ce	184	total.
C.		
F.		
N.		

date ce	184	total.
C.		
F.		
N.		

date ce	184	total.
C.		
F.		
N.		

date ce	184	total.
C.		
F.		
N.		

date ce	184	total.
C.		
F.		
N.		

date ce	184	total.
C.		
F.		
N.		

date ce	184	total.
C.		
F.		
N.		

Beurre. Bœuf. Mouton. Bois. Café. Charbon. Eau. Fromage. Fruits. Graines. Graisse. Huile. Lait. Lard. Légumes. Liqueur. Œufs. Pain. Patisserie. Salade. Sel. Sucre. Veau. Vinaigre. Vin. Volaille.

	date ce	184	total.
C.			
N. F.			
N.			

	date ce	184	total.
C.			
N. F.			
N.			

	date ce	184	total.
C.			
N. F.			
N.			

	date ce	184	total.
C.			
N. F.			
N.			

	date ce	184	total.
C.			
N. F.			
N.			

	date ce	184	total.
C.			
N. F.			
N.			

	date ce	184	total.
C.			
N. F.			
N.			

Beurre. Bœuf. Mouton. Bois. Café. Charbon. Eau. Fromage. Fruits. Graines. Graisse. Huile. Lait. Lard. Légumes. Liqueur. Œufs. Pain. Patisserie. Salade. Sel. Sucre. Veau. Vinaigre. Vin. Volaille.

	date ce	184	total.
N. C.			
N. F.			
N.			

	date ce	184	total.
N. C.			
N. F.			
N.			

	date ce	184	total.
N. C.			
N. F.			
N.			

	date ce	184	total.
N. C.			
N. F.			
N.			

	date ce	184	total.
N. C.			
N. F.			
N.			

	date ce	184	total.
N. C.			
N. F.			
N.			

	date ce	184	total.
N. C.			
N. F.			
N.			

Beurre. Bœuf. Mouton. Bois. Café. Charbon. Eau. Fromage. Fruits. Graines. Graisse. Huile. Lait. Lard. Légumes. Liqueur. OEufs. Pain. Patisserie. Salade. Sel. Sucre. Veau. Vinaigre. Vin. Volaille.

date ce   184   total.

C. |
F. |
N. |

date ce   184   total.

C. |
F. |
N. |

date ce   184   total.

C. |
F. |
N. |

date ce   184   total.

C. |
F. |
N. |

date ce   184   total.

C. |
F. |
N. |

date ce   184   total.

C. |
F. |
N. |

date ce   184   total.

C. |
F. |
N. |

Beurre. Bœuf. Mouton. Bois. Café. Charbon. Eau. Fromage. Fruits. Graines. Graisse. Huile. Lait. Lard. Légumes. Liqueur. Œufs. Pain. Patisserie. Salade. Sel. Sucre. Veau. Vinaigre. Vin. Volaille.

	date ce	184	total.
C.			
F.			
N.			

	date ce	184	total.
C.			
F.			
N.			

	date ce	184	total.
C			
F.			
N.			

	date ce	184	total.
C.			
F.			
N.			

	date ce	184	total.
C.			
F.			
N.			

	date ce	184	total.
C.			
F.			
N.			

	date ce	184	total.
C.			
F.			
N.			

Beurre . . . . . .
Bœuf . . . . . .
Mouton . . . . .
Bois . . . . . .
Café . . . . . .
Charbon . . . . .
Eau . . . . . .
Fromage . . . . .
Fruits . . . . .
Graines . . . . .
Graisse . . . . .
Huile . . . . . .
Lait . . . . . .
Lard . . . . . .
Légumes . . . . .
Liqueur . . . . .
Œufs . . . . . .
Pain . . . . . .
Pâtisserie . . . .
Salade . . . . .
Sel . . . . . .
Sucre . . . . . .
Veau . . . . . .
Vinaigre . . . . .
Vin . . . . . .
Volaille . . . . .

	date ce	184	total.
C.			
F.			
N.			
	date ce	184	total.
C.			
F.			
N.			
	date ce	184	total.
C.			
F.			
N.			
	date ce	184	total.
C.			
F.			
N.			
	date ce	184	total.
C.			
F.			
N.			
	date ce	184	total.
C.			
F.			
N.			
	date ce	184	total.
C.			
F.			
N.			

Beurre . . . . .
Bœuf. . . . .
Mouton. . . . .
Bois. . . . .
Café. . . . .
Charbon . . . .
Eau. . . . .
Fromage . . . .
Fruits. . . . .
Graines . . . .
Graisse . . . .
Huile. . . . .
Lait. . . . .
Lard . . . . .
Légumes . . . .
Liqueur. . . . .
OEufs. . . . .
Pain. . . . .
Patisserie. . . .
Salade. . . . .
Sel . . . . .
Sucre. . . . .
Veau . . . . .
Vinaigre . . . .
Vin . . . . .
Volaille. . . . .

date ce 184 total.

C.

F.

N.

date ce 184 total.

C.

F.

N.

date ce 184 total.

C.

F.

N.

date ce 184 total.

C.

F.

N.

date ce 184 total.

C.

F.

N.

date ce 184 total.

C.

F.

N.

date ce 184 total.

C.

F.

N.

Beurre
Bœuf
Mouton
Bois
Café
Charbon
Eau
Fromage
Fruits
Graines
Graisse
Huile
Lait
Lard
Légumes
Liqueur
Œufs
Pain
Patisserie
Salade
Sel
Sucre
Veau
Vinaigre
Vin
Volaille

	date ce	184	total.
C.			
F.			
N.			
	date ce	184	total.
C.			
F.			
N.			
	date ce	184	total.
C.			
F.			
N.			
	date ce	184	total.
C.			
F.			
N.			
	date ce	184	total.
C.			
F.			
N.			
	date ce	184	total.
C.			
F.			
N.			
	date ce	184	total.
C.			
F.			
N.			

Beurre.
Bœuf.
Mouton.
Bois.
Café.
Charbon
Eau.
Fromage
Fruits.
Graines.
Graisse.
Huile.
Lait.
Lard.
Légumes
Liqueur.
Œufs.
Pain.
Patisserie.
Salade.
Sel.
Sucre.
Veau.
Vinaigre
Vin.
Volaille.